O IMPACTO DAS MÍDIAS SOCIAIS
NA INTENÇÃO DO VOTO DO ELEITOR

Agradeço primeiro a Deus que me capacitou com perseverança e sabedoria, a Ele toda honra, glória e louvor. A minha amada esposa Cristiani Sandrelli, por seu amor e compreensão nos momentos mais difíceis de vivi ao longo desse período.

Aos meus pais, Nilton Gomes Oliveira e Denisi de Oliveira e aos meus familiares Elizete, Luciana, Adriana, Nilton Filho, Natália, Fábio, Julia e Lorena, que me apoiaram e me incentivaram a continuar crescendo em minha carreira profissional, obrigado pelas palavras de encorajamento e orações por minha vida.

Ao Cláudio Márcio Almeida, amigo e co-autor deste artigo, obrigado pela dedicação e suporte na construção deste trabalho. Aos amigos e colaboradores que contribuíram com seu tempo respondendo os questionários desta pesquisa. Sem vocês este trabalho não seria possível.

"O temor a Deus é o princípio da sabedoria."
Provérbios 9:10

SUMÁRIO

INTRODUÇÃO

A velocidade e a frequência das mudanças no comportamento da sociedade em função dos avanços tecnológicos têm impactado o setor político. A ciência política tem produzido diversos debates sobre o uso de novas tecnologias de comunicação nas estratégias de campanhas eleitorais, incluindo as mídias sociais (Hong & Nadler, 2012). As mídias sociais se tornaram uma ferramenta de uso fácil e com muitos canais de informações, e os agentes políticos têm buscado o uso dessas tecnologias para se aproximarem do seu eleitorado. Isso também permite aos eleitores conhecerem e acompanharem os candidatos, ajudando-os a decidir em quem votar (Zhang, Johnson, Seltzer & Bichard, 2010).

O cenário atual demonstra que as mídias sociais têm sido comparadas às inovações dos meios de comunicações, que trouxeram grandes transformações no século XX, como o rádio e a televisão. Desta forma, com o avanço da tecnologia e o aumento do alcance de novos usuários, há perspectivas de mudanças em relação a forma de comunicação entre a sociedade civil, os políticos e os governos (Hong & Nadler, 2012). Por exemplo, nas eleições de 2006 nos Estados Unidos, 96% dos candidatos para o Senado utilizaram mídia digital (Williams & Gulati, 2013).

Essa nova tecnologia de comunicação tem permitido que diversos usuários possam produzir e divulgar informações, sem a prévia verificação se tais fatos são verdadeiros ou não. No caso das eleições norte americanas de 2016, notícias falsas foram amplamente disseminadas pelas mídias sociais, sugerindo que o presidente norte americano Donald Trump não teria sido eleito se não fosse a influência das notícias divulgadas pelas mídias sociais (Allcott & Gentzkow, 2017).

Considerando isso, este estudo se propõe a responder o seguinte problema: Qual é o efeito que as propagandas políticas nas mídias sociais têm trazido na hora do eleitor escolher um candidato? Assim sendo, o objetivo principal dessa pesquisa é identificar os efeitos das propagandas políticas apresentadas nas mídias sociais pelos candidatos e partidos políticos sobre a intenção de voto do eleitor.

Esta pesquisa se justifica pela oportunidade de produzir conhecimento sobre os novos modelos de marketing eleitoral que vem sendo desenvolvidos (Allcott & Gentzkow, 2017; Williams & Gulati, 2013), uma vez que novos tipos de eleitores surgem por meio das redes sociais e se envolvem no processo político. Os usuários de internet são mais ativos e tendem a se envolver de forma mais afetiva e cognitiva em razão da credibilidade e qualidade das propagandas produzidas (Shade, Kornfield & Oliver, 2015). Uma vez envolvidos, há um aumento de interesse nos assuntos relacionados às eleições, com a busca de informações dos potenciais candidatos, trazendo impacto na opinião e no comportamento de líderes políticos (O'Cass & Pecotich, 2005).

A adoção de novas mídias sociais de baixo custo surge como alternativa viável para minimizar a necessidade de recursos financeiros tradicionalmente exigidos nas campanhas publicitárias eleitorais, além de tornar a comunicação mais dinâmica e direta do que a mídia tradicional (Hong & Nadler, 2012). Os avanços da internet e sua aceitação produziu um efeito positivo e criaram novos valores e crescimento da popularidade, uma vez que os sites de redes sociais estão cada vez mais sendo usados pelos candidatos e partidos (Cameron, Barrett & Stewardson, 2016; Schivinski & Dabrowski, 2016).

Como justificativa teórica, esta pesquisa analisou um modelo que ainda não foi estudado anteriormente. O modelo verificou a influência que as propagandas políticas nas mídias sociais têm nos construtos opinião do eleitor, confiança do eleitor, imagem do candidato e imagem do partido, uma vez que estas podem influenciar a intenção de voto do eleitor (Dunn, Butler, Meeks & Collier, 2015; Kruikemeier, 2014). Os estudos anteriores testaram de forma isolada os construtos apresentados (Hong & Nadler, 2012; O'Cass & Pecotich, 2005; Schivinski & Dabrowski, 2016; Zhang et al., 2010). Os resultados ampliam a literatura sobre o comportamento do eleitor na hora de escolher o seu candidato, uma vez que os mesmos têm buscado mais informações nessa nova ferramenta de comunicação. Os sites de redes sociais criaram novos canais de comunicação, alterando a forma de propaganda nas mídias tradicionais das campanhas eleitorais (Schivinski & Dabrowski, 2016).

O uso de nova tecnologia de informação trouxe mudança no comportamento das pessoas na busca de informação, migrando da mídia usual como televisão e rádio para a internet (Shade et al., 2015). A quantidade e qualidade das informações disponíveis são mais amplas, aumentando o envolvimento e a confiança do eleitor. Essa qualidade da informação pode tornar os candidatos e partidos políticos confiáveis ou não (Dunn et al., 2015; Kim & Park, 2013).

Como justificativa prática, a pesquisa poderá ajudar a produzir um maior conhecimento de como redes sociais podem aumentar o capital político de um candidato, podendo ainda contribuir para adoção de novas estratégias nas campanhas de marketing eleitoral. As mídias digitais podem influenciar a competitividade das campanhas eleitorais, uma vez que os usuários de redes sociais buscam ter acesso às informações a respeito dos candidatos (Zhang et al., 2010). Desta forma, pode haver uma relação mais ativa entre usuário e candidato, com discussões mais aprofundadas sobre política e outros assuntos do cotidiano (Williams & Gulati, 2013).

REFERENCIAL TEÓRICO

Intenção de Voto

Segundo Newman e Sheth (1985), é importante entender os motivos do comportamento do eleitor na intenção de voto devido a uma relevante parte do marketing político estar relacionada ao tempo e dinheiro que os candidatos a políticos gastam para se promoverem durante o processo eleitoral. De acordo com O'Cass e Pecotich (2005), os estudos sobre o comportamento do consumidor na intenção de compra têm princípios e fundamentos similares ao comportamento do eleitor no processo de decisão de intenção de voto. Porém, diferentemente das relações comerciais, que provêm informações em quantidades significativas e gratuitas, favorecendo os tomadores de decisão de compra, as decisões políticas são caracterizadas pela incerteza, o que pode não motivar os eleitores a buscarem informações antes da eleição.

O estudo sobre a intenção de voto busca explicar os motivos que levam a tomada de decisão do eleitor pela escolha de um candidato. Segundo Catt (1991), as variáveis que moldam o comportamento do eleitor podem ser: lealdade partidária, escolha por candidatos com histórico vitorioso e escolha de candidatos que não fazem parte de partido em que os eleitores têm elevada aversão. Já Campbell e Cowley (2014) afirmam que os eleitores reagem às características dos candidatos tais como raça, gênero, religião, idade do candidato, nível de instrução, origem e ocupação. Yoon,

Pinkleton e Ko (2005) observam que a publicidade de qualidade duvidosa e coberturas jornalísticas que priorizam somente as ideias dos candidatos que lideram as pesquisas, podem contribuir pelo afastamento da participação do eleitor.

Dentre os construtos que afetam a intenção de voto, este trabalho destaca a opinião do eleitor (O'Cass & Pecotich, 2005), a confiança do eleitor (Kim & Park, 2013), a imagem do candidato (Hoegg & Lewis, 2011), a imagem do partido político (Hoegg & Lewis, 2011; Goren, 2005) e se as mídias sociais influenciam esses antecedentes de intenção de voto (Hong & Nadler, 2012; Stieglitz & Dang-Xuan, 2013).

Opinião do Eleitor

A opinião do eleitor e o comportamento do consumidor apresentam muitas semelhanças, pois, enquanto os consumidores buscam informações relacionadas aos produtos para a redução do risco na tomada de decisão de compra, os eleitores buscam informações em relação aos candidatos quando percebem um risco associado ao processo eleitoral (O'Cass & Pecotich, 2005). O eleitor pode ser influenciado por diversas variáveis até a decisão pela escolha de um candidato a político. A busca de informações sobre o processo eleitoral afeta o conhecimento, a confiança e, naturalmente, as preferências por um ou outro candidato.

Neste contexto, a comunicação midiática apresenta-se como um fator determinante que molda a opinião do eleitor e transforma-a em intenção de voto. Quanto maior o envolvimento do eleitor, maior será o seu conhecimento adquirido. Este processo visa reduzir as incertezas de uma possível escolha equivocada. Tais incertezas podem ser vistas como o risco do processo eleitoral, o qual motiva os eleitores a buscarem por informações para uma melhor tomada de decisão (O'Cass & Pecotich, 2005).

A opinião do eleitor pode estar relacionada a questões como identificação partidária, identidade ideológica, desempenho de mandatos atuais, das características pessoais dos candidatos como liderança política e competência e a imagem do candidato, sendo que tais variáveis é que levam o eleitor a montar seus diferentes critérios pessoais de decisão e têm sido denominadas de heterogeneidade eleitoral, sendo complexo compreender a intenção de voto do eleitor (Blumenstiel & Plischke, 2015).

A intenção de voto tende a estar relacionada diretamente às convicções e crenças que o eleitor tem a respeito de um candidato político, a qual ocorre quando o eleitor percebe que determinado candidato corresponde aos seus valores e interesses, assim sendo, as opiniões políticas dos eleitores tendem a influenciar diretamente a sua intenção de voto (Bello, 2016). Desta forma, pode-se estabelecer a seguinte hipótese:

H1: A opinião do eleitor influencia positivamente a sua intenção de voto.

Confiança do Eleitor

Para a fundamentação da confiança do eleitor na intenção de voto foram utilizados os conceitos teóricos da confiança do consumidor na intenção de compra. Segundo Kim e Park (2013), a confiança foi estudada nos campos da psicologia, sociologia e economia. Seguindo essa abordagem teórica, a confiança tem sido considerada como a capacidade de manter um relacionamento fiel e confiável ao compromisso de se manter uma promessa.

A qualidade e os ideais do candidato percebidos pelo eleitor permitem que seja feito um julgamento mais confiável, auxiliando a sua decisão de escolha por um político mais preparado. Com a ausência dessas informações, a confiança do eleitor pode se dar por outras variáveis como o gênero ou a idade do candidato. Com um maior conhecimento a respeito do candidato político, a confiança do eleitor pode aumentar e influenciar a intenção de voto (Mo, 2015).

Conquistar a confiança de um eleitor pode ser considerado um dos principais fatores para gerar a intenção de voto, portanto, os candidatos e partidos utilizam diversas estratégias como as propagandas e os debates entre os candidatos para aumentar o envolvimento do eleitor no processo político (Dunn et al., 2015). O crescimento do envolvimento do eleitor tem efeito significativo na escolha do candidato, pois pode aumentar a confiança e a estabilidade das suas preferências. Assim, é menos provável uma mudança de posicionamento por parte do eleitor na intenção de voto (O'Cass & Pecotich, 2005). Neste sentido, os candidatos podem se esforçar em construir uma relação de confiança com os eleitores, uma vez que se percebe que a confiança do eleitor possivelmente está ligada à intenção do voto. Assim, propõe-se a hipótese:

H2: A confiança do eleitor em um candidato influencia positivamente a sua intenção de voto.

Imagem do Candidato

Newman e Sheth (1985) desenvolveram um modelo no qual apresentaram sete domínios cognitivos que guiam o comportamento do eleitor. Destaca-se a imagem do candidato, que é baseada nos traços de personalidade evidentes percebidos pelo eleitor. A aparência do candidato impacta de forma significativa o resultado de uma eleição, sendo, assim, uma variável considerada neste estudo sobre a intenção de voto (Ahler, Citrin, Dougal & Lenz, 2017); Hoegg & Lewis, 2011; Tedesco, 2002).

Segundo Tedesco (2002), os candidatos que possuem uma imagem relacionada à competência e à inteligência detêm maior chance de sucesso eleitoral. A influência da imagem de um candidato é suficiente para que, por meio de uma foto numa propaganda, o eleitor construa julgamentos sobre o comportamento, a competência, a capacidade de liderança, a integridade e a atratividade, e basear seu voto nesses julgamentos. Outras informações podem potencializar a imagem física do candidato, como a filiação partidária e os posicionamentos ideológicos (Ahler et al., 2017).

Hoegg e Lewis (2011) afirmam que os atributos físicos de um candidato, como a altura e a cor do cabelo, impactam de forma significativa na tomada de decisão do eleitor, e reforçam que a associação com o partido político no qual o candidato é filiado potencializa o efeito da imagem do candidato na intenção de voto. A imagem física não é a única que afeta a intenção de voto, pois o modo de falar e a percepção do eleitor quanto à personalidade dos candidatos produzem influência significativa na hora de serem escolhidos pelos eleitores (Hoegg & Lewis, 2011). Os estudos apresentados mostram que a imagem do candidato tem efeito positivo na hora da escolha do eleitor. Diante destas evidências, considerando que a imagem do candidato pode influenciar na intenção do voto do eleitor, estabeleceu-se a seguinte hipótese:

H3: A imagem do candidato influencia positivamente a intenção de voto do eleitor.

Imagem do Partido Político

A influência da imagem de um partido político sobre a intenção de voto do eleitor em um candidato foi significativa nos estudos de Bonneau e Cann (2015), Campbell (1960), Cantu e Garcia-Ponce (2015), Goren (2005) e Hoegg e Lewis (2011). A identificação com um partido político cria conexões emocionais ou indicativos que podem influenciar a intenção de voto do eleitor. A fidelidade a um partido político se assemelha, na literatura do marketing, a fidelidade a uma marca. Sendo assim, a lealdade a um partido político pode impactar na escolha de um candidato (Hoegg & Lewis, 2011).

A identificação do eleitor com o partido é mais forte e difícil de mudar do que as crenças como tolerância moral, valores familiares e igualdade de oportunidades (Goren, 2005). A identificação do eleitor com um partido deriva de um apego psicológico, sendo significativamente resistente a mudanças. Quanto maior a identificação do eleitor com o partido, maior é a influência do partido sobre as percepções, atitudes e atos políticos do eleitor. Por outro lado, eleitores com menos apego partidário estão menos expostos a essa influência, e, por consequência, são mais maleáveis em suas posições partidárias (Campbell, 1960).

A associação com um partido político pode influenciar o eleitor a apoiar um projeto que normalmente rejeitaria, caso não houvesse o apoio partidário (Bolsen, Druckman & Cook, 2014). Além disso, as forças partidárias apresentam-se como um componente significativo na intenção de voto, inclusive em eleições em que não há identificação do partido do candidato (Bonneau & Cann, 2015). Assumindo as premissas dos estudos anteriores que a imagem do partido político tende a ter influência na decisão do eleitor, sugere-se a hipótese:

H4: A imagem do partido influencia positivamente a intenção de voto do eleitor.

Mídia Social

As mídias sociais estão sendo cada vez mais utilizadas no campo político, influenciando o discurso e modificando a forma de comunicação tradicional da sociedade, e, consequentemente, aumentando a participação política dos eleitores (Stieglitz & Dang-Xuan, 2013). Em decorrência dessa maior relevância das mídias sociais nas eleições, seus efeitos e a sua eficácia têm sido contínuo assunto de debate na ciência política e nas estratégias de campanha, sendo determinante para a vitória a presidência de Barack Obama em 2008 (Cogburn & Espinoza-Vasquez, 2011; Hong & Nadler, 2012).

As novas tecnologias trouxeram uma mudança significativa no comportamento das pessoas. A qualidade e a quantidade das informações disponíveis são mais amplas do que em décadas anteriores e isso permitiu ampliar o conhecimento político dos cidadãos, criando, desta forma, um maior envolvimento e confiança do eleitor (Dunn et al., 2015). Com o aumento dessas informações, os eleitores podem avaliar o desempenho dos seus candidatos políticos, crescendo seu interesse pelo processo eleitoral (Scammell, 2015).

A utilização das mídias sociais se mostrou mais econômica para a construção de uma rede de capital social do que as mídias tradicionais (Cogburn & Espinoza-Vasquez, 2011). Segundo Metaxas e Mustafaraj (2012), nos Estados Unidos, as mídias sociais são utilizadas por quase 70% da população, o que permite ao eleitor se informar melhor e tomar decisões rapidamente. Da mesma forma, o acompanhamento das mídias sociais pelos candidatos melhora o entendimento e a compreensão sobre os interesses dos eleitores, pois auxilia no conhecimento dos anseios e necessidades da população. Diante dessa complexidade, a mídia social surge como uma ferramenta significativa que pode auxiliar ao eleitor a consolidar sua opinião. Sendo assim, pode-se propor a seguinte hipótese:

H5a: As propagandas políticas apresentadas pelos candidatos nas mídias sociais influenciam positivamente a opinião do eleitor.

Similar às relações comerciais em um ambiente digital, o envolvimento entre os eleitores e candidatos a políticos é cheio de incertezas e desconfianças, aspectos que podem comprometer a confiança dos eleitores. O fator confiança é essencial para essas relações, sejam comerciais ou políticas, e elas devem ser construídas na base da integridade e transparência. Portanto, a qualidade das plataformas digitais e a simetria de informação tendem a impactar significativamente esse relacionamento (Geraldo & Mainardes, 2017; O'Cass & Pecotich, 2005).

Desta forma, a mídia social possibilitou ao eleitor ter mais acesso às informações dos candidatos por meio das propagandas políticas, permitindo uma maior interatividade da sociedade em relação a um candidato político. Com mais informações, há um aumento no envolvimento da população, podendo criar um impacto positivo na confiança. Sendo assim, quanto maior for a quantidade de informação, a tendência é que seja menor a desconfiança (Kushin & Yamamoto, 2010).

Para Kim e Park (2013), aumentar a confiança mostra-se relevante para construir uma boa reputação e as mídias sociais já mostraram a sua capacidade de influenciar de forma positiva a construção dessa confiança. A qualidade das propagandas políticas a ser divulgada nas mídias sociais e os comentários e recomendações dos usuários podem tornar os candidatos confiáveis ou não, e assim, construir uma relação confiável (Kim & Park, 2013). Assim, considerando esta lógica, pode-se estabelecer a seguinte hipótese:

H5b: As propagandas políticas apresentadas pelos candidatos nas mídias sociais influenciam positivamente a confiança do eleitor.

Na década de 1990, o uso das mídias sociais no processo eleitoral começou a substituir a mídia tradicional como fonte de pesquisa sobre os candidatos, principalmente entre os jovens (Kushin & Yamamoto, 2010). As mídias tradicionais se tornaram uma plataforma de transmissão enquanto as mídias sociais se tornaram plataformas de diálogos e debates políticos. Isto acontece porque as mídias sociais permitem que os usuários criem os conteúdos, possibilitando a interação entre eles, enquanto a mídia tradicional tem seu conteúdo e agenda elaborados por profissionais e não permite a interação com os usuários (Bertot, Jaeger & Hansen, 2012).

O aumento do uso das mídias sociais por parte das pessoas possibilita um crescimento da interação entre eleitores, candidatos e partidos políticos, podendo aumentar o impacto da imagem dos mesmos sobre a intenção de voto. A campanha presidencial de 2008 do candidato Barack Obama, por exemplo, teve seu sucesso vinculado diretamente às mídias sociais, que influenciaram a organização da campanha e o recebimento de doações (Bertot, Jaeger & Hansen, 2012).

Os candidatos têm utilizado cada vez mais as mídias sociais como forma de comunicação, uma vez que possibilitam a interatividade com os seus eleitores. Há evidências que o uso interativo das mídias sociais impacta positivamente na imagem do candidato e aqueles que a usam de forma mais interativa tiveram maior preferência de votos do que os que não a utilizaram (Kruikemeier, 2014). Assim, pode-se formular a seguinte hipótese:

H5c: As propagandas políticas apresentadas pelos candidatos nas mídias sociais influenciam positivamente a imagem dos candidatos.

As mídias sociais criaram uma relação mais ativa entre os eleitores e os partidos políticos e as discussões pragmáticas e ideológicas puderam se aprofundar. Em campanhas com maior disputa eleitoral os partidos políticos utilizam esses recursos tecnológicos para ampliar sua base eleitoral. As campanhas têm usado as mídias sociais como estratégia de comunicação, devido ao seu baixo custo e poder de mobilização (Williams & Gulati, 2013).

Com o surgimento da internet e posteriormente das mídias sociais, os partidos políticos foram munidos com novas ferramentas que possibilitaram um contato individualizado com o eleitor (Aldrich, Gibson, Cantijoch, & Konitzer, 2016). O crescimento da internet possibilitou diferentes formas de interação entre as pessoas e os partidos políticos. O conteúdo online pode fornecer novas informações que antes não estavam ao alcance de todos (Kushin & Yamamoto, 2010).

Segundo Kruikemeier (2014), o uso das mídias sociais durante o período eleitoral influenciou positivamente a preferência dos eleitores por um partido político em detrimento daqueles que não a utilizaram. Diante destas constatações apresentadas nos estudos, pode-se propor a seguinte hipótese:

H5d: As propagandas políticas apresentadas pelos candidatos nas mídias sociais influenciam positivamente a imagem dos seus partidos políticos.

Modelo Proposto

Com o avanço da tecnologia e o crescimento das mídias sociais, os usuários passaram a ter acesso a uma quantidade maior de informações, alterando o modo de comunicação entre eleitores, candidatos e partidos políticos. Dessa forma, é preciso compreender qual o efeito dessas mudanças e como elas interferem nos resultados eleitorais (Hong & Nadler, 2012; O'Cass & Pecotich, 2005; Schivinski & Dabrowski, 2016; Zhang et al., 2010).

Esta pesquisa objetivou testar o modelo apresentado na Figura 1. Com base nas hipóteses propostas neste estudo, os construtos foram desenvolvidos de acordo com os modelos validados na literatura de marketing para comportamento do consumidor e pesquisa publicitária, que foram adaptados utilizando-se o marketing político, ciências políticas e ciências sociais e estão apresentados como intenção de voto, opinião do eleitor, confiança do eleitor, imagem do candidato, imagem do partido e mídias sociais. Segundo O'Cass e Pecotich (2005), o comportamento do consumidor na intenção de compra é similar ao comportamento do eleitor no processo de decisão de voto, sendo possível, portanto, fazer essa adaptação.

Figura 1: Modelo Proposto Adaptado.

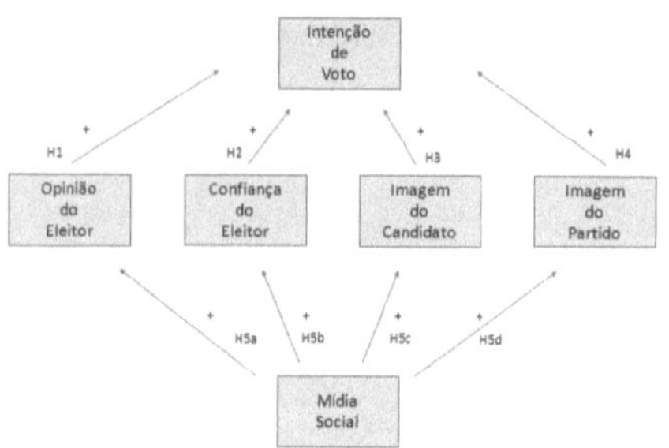

Fonte: Elaboração própria.

Segundo Campbell e Cowley (2014), Catt (1991), Newman e Sheth (1985) e Yoon, Pinkleton e Ko (2005), a intenção de voto é influenciada por diversas variáveis. Nesta linha, o modelo proposto buscou verificar se os construtos opinião do eleitor, confiança do eleitor, imagem do candidato, imagem do partido e intenção de voto (Goren, 2005; Hoegg & Lewis, 2011; Kim & Park, 2013; O'Cass & Pecotich, 2005) possuem efeito na intenção de voto do eleitor brasileiro. Além disso, o modelo proposto também verificou se as propagandas políticas dos candidatos e partidos políticos nas mídias sociais impactam de forma positiva e significativa os construtos acima relacionados, podendo criar, de modo indireto, um aumento na intenção de voto (Hong & Nadler, 2012; Stieglitz & Dang-Xuan, 2013).

METODOLOGIA

O objetivo principal deste estudo foi identificar os efeitos das propagandas políticas apresentadas nas mídias sociais pelos candidatos e partidos políticos sobre a intenção de voto do eleitor. Para tal, foi adotado um método de pesquisa de caráter descritivo, com corte transversal e análise quantitativa. Como o intuito do estudo está relacionado com a intenção de voto do eleitor, a população definida para a pesquisa foi representada por eleitores brasileiros, os quais segundo a Constituição Brasileira de 1988 são obrigatoriamente os brasileiros alfabetizados, maiores de 18 anos e menores de 70 anos de idade, sendo o voto facultativo para quem tem entre 16 e 17 anos, para os maiores de 70 anos e para as pessoas analfabetas. Por se tratar de uma população-alvo dispersa e em grande quantidade, optou-se por utilizar amostragem não probabilística e por acessibilidade.

A coleta dos dados primários foi realizada por meio de um questionário aplicado em uma plataforma online. Com a finalidade de comprovar que o respondente possuía os requisitos necessários para participar da pesquisa, foi inserida uma pergunta de controle populacional: "Você possui título de eleitor?". Quem respondeu "não" foi excluído da amostra final analisada. Com o intuito de avaliar os construtos intenção de voto, opinião do eleitor, confiança do eleitor, imagem do candidato, imagem do partido e mídias sociais, foram apresentadas 30 afirmações, as quais encontram-se detalhadas no Apêndice. Para responder a tais afirmações foi utilizada uma escala de Likert de cinco pontos, iniciando de 1 (discordo totalmente) a 5 (concordo totalmente).

O comportamento do consumidor na intenção de compra é semelhante ao comportamento do eleitor na intenção do voto (O'Cass & Pecotich, 2005). Sendo assim, os construtos estudados nesta pesquisa foram adaptadas das escalas do comportamento do consumidor e de pesquisa publicitária. O construto intenção de voto foi medido com base na escala de Rodgers (2003), por meio de 3 afirmações. Já o construto opinião do eleitor teve como base a escala de Sengupta e Johar (2002), e foi medido por meio de 3 afirmações. Por sua vez, a confiança do eleitor foi mensurada pela escala de O'Cass (2002), por meio de 3 afirmações. A imagem do candidato foi adaptada da escala desenvolvida por Sanders e Pace (1977), e medida por 12 afirmações. Quanto à imagem do partido, este estudo adaptou a escala de Bart et al. (2005), com 3 afirmações. E, por último, para mensurar a mídia social foi adaptada a escala de Chen e Wells (1999), com 6 afirmações.

Para identificar as características sociodemográficas dos respondentes foram inseridas 4 perguntas indicativas de sexo, idade, renda mensal e escolaridade. A pesquisa foi realizada no mês de julho de 2017, ressaltando que ocorreu em um período sem processo eleitoral em andamento no país. Antes da aplicação do questionário, foi realizado um pré-teste com 14 indivíduos para validar o entendimento do conteúdo do questionário, os quais afirmaram não ter dúvidas quanto às afirmações sugeridas. Por conseguinte, o questionário foi divulgado por meio das mídias sociais e por e-mail visando obter os dados para análise. Ao final do período de coleta de dados foi obtido um total de resposta de 563 questionários, sendo 559 questionários válidos, pois 4 respondentes foram excluídos por afirmarem que não possuíam título de eleitor.

A amostra apresentou as seguintes características: os respondentes se mostram predominantemente do sexo masculino com 58,3% sendo 41,7% do sexo feminino. Com relação à idade, 36,4% tem idade entre 31 anos a 45 anos, enquanto 38,5% dos respondentes têm a idade superior a 46 anos, e apenas 25,1% têm idade entre 16 anos a 30 anos. Com relação à renda mensal, 35,9% informaram possuir rendimentos abaixo de R$ 4.000,00, 35,3% declararam possuir rendimentos superiores a R$ 8.000,00 e 28,8% dos respondentes declararam renda entre R$ 4.000,00 e R$ 8.000,00 mil. Por fim, com relação à escolaridade, 75,8% dos respondentes afirmaram possuir ensino superior ou mais, 21,3% informaram ter ensino médio ou técnico e 2,9% responderam ter ensino fundamental.

Em resumo, a amostra mostrou ser composta majoritariamente por adultos em idade economicamente ativa, com alta escolaridade e renda superior a R$ 4.000,00, que representa o público que usa com frequência as redes sociais e possuem conhecimento de política suficiente para compreender e responder as questões deste estudo. Portanto, atendem ao objetivo da investigação em verificar a influência das mídias sociais na intenção de voto do eleitor.

Para validar os construtos foi feita a análise fatorial confirmatória com a avaliação das cargas fatoriais, observando a convergência das variáveis para o seu próprio construto (validade convergente), bem como verificando se a estrutura fatorial indicava variados construtos (validade discriminante). Complementarmente, para a validade convergente também foram verificados a variância média extraída e a confiabilidade composta (Hair, Black, Babin, Anderson & Tatham, 2006). E para confirmar a validade discriminante, foi utilizado o critério de Fornell e Larcker (1981), que verifica se o valor da raiz quadrada (AVE) de cada construto foi superior à correlação dele com os demais construtos. Uma vez validados os construtos, foram realizados os testes de hipóteses com a técnica da modelagem de equações estruturais, utilizando o método de estimação de mínimos quadrados parciais (PLS – *partial least squares*).

ANÁLISE E DISCUSSÃO DOS RESULTADOS

Validação do Modelo de Mensuração

A validação dos construtos apresentados no modelo teórico proposto foi realizada por meio da verificação da validação convergente e validação discriminante. Inicialmente, para validar os construtos do modelo, realizou-se a análise fatorial confirmatória (AFC). Conforme pode-se verificar na Tabela 1, a matriz de cargas fatoriais final (após duas AFC) apresentou resultados estaticamente significativos com cargas superiores a 0,7, demonstrando que as cargas fatoriais dos construtos são maiores no seu próprio construto quando comparado à carga fatorial da mesma variável em outros construtos. Sendo assim, os construtos convergem para o seu próprio construto, o que indica haver validade convergente (Hair et al., 2006). Ademais, foi evidenciado também validade discriminante na comparação de cada construto com os demais, pois as cargas fatoriais indicam a existência de construtos diferentes. Destaca-se que no decorrer das análises fatoriais confirmatórias, os construtos IC2, IC5, IC7, IC8, IC9, IC10, IC11 e IC12 referente ao construto Imagem do Candidato e a variável MS6 referente ao construto Mídia Social foram eliminadas, uma vez que apresentaram valores de carga fatorial inferior a 0,5 (Hair et al., 2006).

<h1 style="text-align:center">TABELA 1: Matriz de Cargas Fatoriais</h1>

	CE	IC	IP	IV	MS	OE
CE1	0,86					
CE2	0,89					
CE3	0,88					
IC1		0,72				
IC3		0,84				
IC4		0,90				
IC6		0,79				
IP1			0,90			
IP2			0,95			
IP3			0,95			
IV1				0,75		
IV2				0,75		
IV3				0,80		
MS1					0,74	
MS2					0,75	
MS3					0,73	

MS4					0,79	
MS5					0,77	
OE1						0,90
OE2						0,89
OE3						0,72

Fonte: Dados da Pesquisa. Legenda: CE – Confiança do Eleitor; IC – Imagem do Candidato; IP – Imagem do Partido; IV – Intenção do Voto; MS - Mídia Social; OE – Opinião do Eleitor.

Após a validação das cargas fatoriais, foram verificados outros critérios de validade convergente. A variância média extraída (AVE) apresentou valores superiores a 0,5, indicando a convergência das variáveis para um determinado construto (Hair et al., 2006). Também para todos os construtos, a confiabilidade composta (CR), que mede a consistência interna entre os valores medidos dos itens de um construto, apresentou um valor superior a 0,7, indicando a existência de elevada consistência interna, significando que todas as medidas representam os construtos aos quais eles se referem (Hair et al., 2006), como mostrado na Tabela 2.

Por fim, seguindo o método proposto por Fornell e Larcker (1981), foi analisada a validade discriminante, que também verifica o grau em que um construto é diferente dos outros. Conforme o critério dos autores, quando feita a comparação da raiz quadrada da variância media extraída (AVE) com a variância compartilhada, o valor da raiz quadrada da AVE de cada construto foi superior a correlação dele com os demais construtos, evidenciando a validade discriminante, como pode ser visto na Tabela 2. Após a validação do modelo de mensuração, avançou-se para o teste do modelo estrutural.

TABELA 2: Correlação entre construtos e estatísticas dos construtos do modelo

	CE	IC	IP	IV	MS	OE
CE	**0,88**					
IC	0,38	**0,81**				
IP	0,32	0,13	**0,93**			
IV	0,42	0,46	0,12	**0,77**		
MS	0,25	0,21	0,17	0,28	**0,75**	
OE	0,62	0,35	0,38	0,48	0,17	**0,84**
AVE	0,77	0,66	0,87	0,59	0,57	0,71
CR	0,91	0,89	0,95	0,81	0,87	0,88

Fonte: Dados da Pesquisa. Legenda: CE – Confiança do Eleitor; IC – Imagem do Candidato; IP – Imagem do Partido; IV – Intenção do Voto; OE – Opinião do Eleitor; AVE – Variância Média Extraída; CR – Confiabilidade Composta. Nota: Números destacados em negrito na diagonal principal da tabela indicam o valor da raiz quadrada da AVE de cada variável latente e indicam validade discriminante, pois são superiores à correlação com os outros construtos.

Análise e Discussão das Hipóteses

Após a validação dos construtos do modelo, fez-se o teste das hipóteses propostas. A Figura 2 mostra os coeficientes encontrados e a significância de cada relação entre os construtos.

Figura 2: Diagrama de Caminhos.

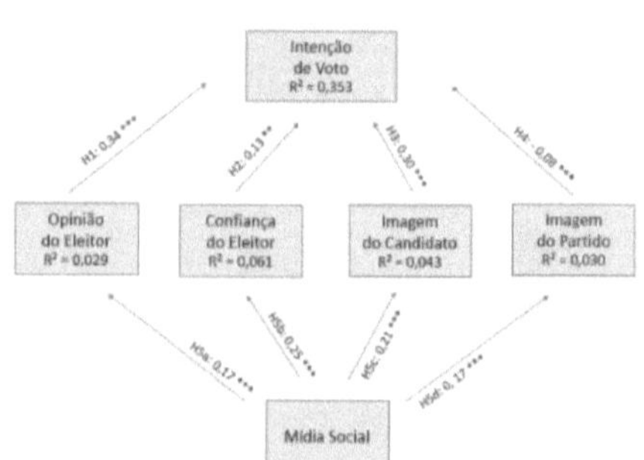

Legenda: R²: Coeficiente de determinação; ***p-valor<0,001; **p-valor<0,05. Fonte: Dados da Pesquisa.

Observando a Figura 2, pode-se verificar que a hipótese H1 foi suportada, uma vez que apresentou um coeficiente de 0,34 e um p-valor significativo (p<0,00). Sendo assim, o resultado indica que a opinião do eleitor tem uma influência positiva na intenção de voto, corroborando com estudos anteriores que obtiveram resultados similares. O'Cass e Pecotich (2005) encontraram muitas semelhanças da atitude do eleitor e o comportamento do consumidor na busca de informações para reduzir o risco na tomada de decisão. Bello (2016) traz em seu estudo que a opinião do eleitor aumenta a intenção de voto, uma vez que está ligada a questões de identidade partidária, identificação ideológica e de características pessoais como liderança, competência e imagem do candidato. Com o aumento do envolvimento e conhecimento do eleitor a respeito do candidato político traz uma redução das incertezas e do medo de fazer uma escolha equivocada.

A comunicação midiática apresenta-se como outro fator na formação da opinião do eleitor, sendo esse processo informativo fundamental para a escolha do eleitor (Blumenstiel & Plischke, 2015). Esses resultados vêm ao encontro aos dados obtidos nesta amostra, que evidenciaram que a opinião do eleitor está relacionada diretamente com as convicções e crenças que o eleitor tem a respeito de um candidato político e que quando o eleitor percebe que o candidato atende seus valores e interesses, isso pode determinar e moldar a sua opinião, possivelmente transformando-a em intenção de voto.

A hipótese H2 entre a confiança do eleitor e a intenção de voto apresentou um coeficiente positivo de 0,13 e um p-valor significativo (p<0,02), suportando a hipótese. Portanto, a confiança do eleitor tende a influenciar positivamente a intenção de voto. Os resultados das pesquisas de Dunn et al. (2015) e Kim e Park (2013) indicam que quando a qualidade e os ideais do candidato são percebidos pelo eleitor, ele faz um julgamento mais adequado e constrói uma relação de confiança. Com um maior conhecimento a respeito do candidato político, a confiança do eleitor pode aumentar e influenciar positivamente a intenção de voto (Mo, 2015). Os resultados encontrados neste estudo convergem para a literatura, sendo que o comportamento dos eleitores da amostra desta pesquisa se assemelha aos dos estudos apresentados. Há evidências de que conquistar a confiança do eleitor pode gerar aumento da intenção de voto do candidato ou partido político. Sendo assim, os candidatos podem buscar construir uma relação de confiança com seus eleitores para tentar conquistar a intenção de voto.

Pode-se verificar com os resultados obtidos que a hipótese H3 foi suportada, tendo um coeficiente de 0,30 e um p-valor significativo (p<0,00). O resultado vem a convergir com o estudo apresentado por Hoegg e Lewis (2011), que afirmam que, além dos atributos físicos, a personalidade do candidato produz influência positiva na decisão de escolha do eleitor. Tedesco (2002) falaram que os candidatos que possuem sua imagem relacionada à competência, inteligência, integridade e honestidade detêm maiores chances de sucesso eleitoral. Assim, os dados obtidos nesta pesquisa também demonstraram que a imagem do candidato tende a influenciar positivamente a intenção de voto. Uma possível explicação é de que como o Brasil tem passado por uma crise política, os candidatos que têm a sua imagem relacionada a seriedade e honestidade tendem a ser vistos como melhores opções de escolha pelo eleitor. Os eleitores potencialmente pretendem votar em candidatos que tem a sua imagem relacionada à competência, liderança, inteligência e integridade e os políticos que possuem essas características tendem a obter maior chance de sucesso eleitoral.

Sobre a hipótese H4, relacionada ao construto imagem do partido, o resultado encontrado tem um coeficiente negativo de 0,08 e p-valor significativo (p<0,01), rejeitando a hipótese deste estudo, que sugeriu, com base na literatura (Bello, 2016; Bonneau & Cann, 2015; Cantu & Garcia-Ponce, 2015; Goren, 2005; Hoegg & Lewis, 2011), que a imagem de um partido político produz um efeito positivo e significativo na intenção do voto. Tal resultado pode ser explicado pelo fato de que os estudos utilizados para construção dessa hipótese foram realizados nos Estados Unidos da América, onde há a supremacia de dois partidos que possuem ideologias e posições distintas. Os estudos apresentados mostram que quando há uma identificação do eleitor com o partido, a influência será positiva na intenção de voto. Como no Brasil há trinta e cinco partidos registrados com ideologias e posicionamentos políticos semelhantes, os eleitores talvez não consigam se identificar com nenhuma sigla partidária, não tendo o efeito positivo esperado neste estudo. Outra possível explicação para o resultado pode estar relacionada ao fato do eleitor não conseguir fazer a ligação das ideias e ideologias dos candidatos com os partidos em que eles estão filiados. Possível também considerar que atualmente, no Brasil, os partidos políticos estão envolvidos em escândalos de corrupção, o que faz o eleitor perceber que determinado partido não corresponde aos seus valores e interesses, produzindo um efeito negativo na intenção de voto.

Para a hipótese H5a foi encontrado um p-valor significativo (p<0,00) e um coeficiente de 0,17, suportando a hipótese de que as propagandas políticas apresentadas nas mídias sociais impactam de forma positiva a opinião do eleitor. Este resultado está alinhado com os estudos anteriores, que mostraram que as novas tecnologias trouxeram uma mudança no comportamento dos eleitores na busca de informações, ampliando o seu conhecimento a respeito dos candidatos. O uso das redes sociais se mostrou mais econômica para a construção de uma rede de capital social, sendo determinante para a vitória presidencial de Barack Obama em 2008 (Cogburn & Espinoza-Vasquez, 2011; Dunn et al., 2015; Hong & Nadler, 2012). Assim, com o resultado obtido nesta pesquisa, pode-se verificar que os eleitores podem obter mais informações por meio das mídias sociais a respeito dos candidatos, e os candidatos que utilizam as redes sociais para divulgar suas propagandas potencialmente tendem a impactar positivamente a opinião do eleitor.

Na mesma linha, o resultado da hipótese H5b, que avaliou o impacto das mídias sociais na confiança do eleitor, foi suportada, uma vez que apresentou o p-valor significativo (p<0,00) e um coeficiente de 0,25. A literatura referenciada converge para o resultado obtido, que demostrou que o envolvimento entre os eleitores e candidatos são similares às relações comerciais e, portanto, cheias de incertezas (Geraldo & Mainardes, 2017). Assim sendo, a qualidade das plataformas digitais e a simetria de informação impactam significativamente esse relacionamento entre eleitores e candidatos (O'Cass & Pecotich, 2005). Os resultados sugerem que os eleitores buscam informações nas mídias sociais a respeito dos candidatos políticos. Dessa forma, as novas formas de comunicação virtual contribuem de forma positiva na confiança do eleitor e, por consequência, aumento da intenção de voto.

O estudo apresentado por Berlot, Jaeger e Hansen (2012) evidenciou que as mídias tradicionais se tornaram uma plataforma de transmissão, enquanto as mídias sociais se tornaram plataformas de diálogos e debates políticos, uma vez que elas permitem que o próprio usuário crie o seu conteúdo. Sendo assim, foi verificado o efeito das mídias sociais na imagem do candidato por meio da hipótese H5c e os resultados suportam a hipótese com p-valor significativo ($p<0,00$) e um coeficiente de 0,20. As mídias sociais são um novo modelo de comunicação e influenciou a organização e o recebimento de doações da campanha presidencial americana de 2008 (Kruikemeier, 2014). Os candidatos têm utilizado cada vez mais as mídias sociais como forma de comunicação, havendo evidências de que o uso interativo das mídias sociais impacta positivamente na imagem do candidato. As mídias sociais têm contribuído de forma positiva com a imagem dos candidatos, uma vez que elas melhoram o relacionamento com os eleitores e isso foi evidenciado aqui.

Neste estudo também se verificou o efeito das mídias sociais na imagem do partido político, por meio da hipótese H5d. Os resultados suportam a hipótese de que as propagandas apresentadas pelos partidos políticos influenciam de forma positiva a sua imagem, uma vez que apresentou um p-valor significativo (p<0,00) e um coeficiente positivo em 0,17. Os estudos feitos anteriormente evidenciaram que as mídias sociais criaram uma relação mais ativa entre os eleitores e partidos políticos, que pode aprofundar discussões ideológicas e pragmáticas, e indicaram que os partidos foram munidos de novas ferramentas que possibilitaram um contato individualizado com o eleitor. O crescimento da internet tornou possível aumentar as ações e divulgar os programas partidários, alcançando assim um maior número de eleitores. (Aldrich et al., 2016; Kushin & Yamamoto, 2010; Williams & Gulati, 2013).

Assim, o presente estudo convergiu para a literatura apresentada, de que as mídias sociais têm contribuído com os construtos que influenciam a intenção de voto do eleitor. As características do ambiente virtual potencialmente poderão contribuir de forma positiva na construção da opinião e confiança do eleitor e na imagem do candidato e do partido político, aumentando suas chances de sucesso eleitoral, uma vez que o seu efeito foi significativo e positivo em todas as hipóteses testadas.

Por fim, o modelo proposto indicou que os construtos opinião do eleitor, confiança do eleitor, imagem do partido e imagem do candidato conseguiram explicar 35,3% do construto intenção de voto, sendo que os construtos opinião do eleitor, confiança do eleitor e imagem do partido tiveram efeito positivo e significativo na intenção de voto, enquanto o construto imagem do partido político teve um efeito negativo na intenção de voto. A mídia social tem influenciado de forma positiva e significativa os quatro construtos que influenciam a intenção de voto, sendo que o construto mídia social conseguiu explicar os construtos opinião do eleitor em 2,9%, a confiança do eleitor em 6,1%, a imagem do candidato em 4,3% e a imagem do partido político em 3%.

Os resultados encontrados no coeficiente de determinação dos construtos das mídias sociais podem permitir aos candidatos e partidos políticos utilizarem novas estratégias de marketing eleitoral, otimizando os gastos com campanhas políticas e aumentando as chances de sucesso eleitoral. O baixo percentual de explicação pode ser atribuído ao uso recente das mídias sociais como uma nova ferramenta nas campanhas políticas e seu efeito ainda pode ser pequeno. Com o crescimento da sua utilização essa influência tende a ser maior nos próximos pleitos eleitorais.

Ademais, o presente estudo buscou entender o comportamento dos eleitores na hora de escolher o seu candidato e como ele têm buscado essas informações por meio das mídias sociais. O modelo proposto mediu os quatro construtos que tem efeito sobre a intenção de voto e como as mídias sociais têm influenciado esses construtos. Todas as hipóteses apresentaram resultados significativos, tendo um efeito negativo apenas para o construto imagem do partido político. Assim, esta pesquisa evidenciou que a imagem do partido político no Brasil tende a ter um efeito negativo na intenção de voto do eleitor. Deste modo, os candidatos podem evitar dar ênfase a sua filiação partidária, uma vez que não é permitido no atual sistema político brasileiro candidaturas sem que o candidato esteja filiado a alguma agremiação partidária. Já os construtos opinião do eleitor, confiança do eleitor e imagem do candidato apresentam um efeito positivo na intenção de voto. Portanto, os candidatos e partidos políticos podem potencializar sua imagem com atributos relacionados a integridade, competência e capacidade de liderança.

Os resultados mostraram também que a percepção dos eleitores nos quatro construtos que mediram a intenção de voto sofreu uma influência modesta das mídias sociais. Isso pode ser justificado por se tratar de uma plataforma de comunicação de uso recente para essa finalidade e pelo fato dos dados terem sidos colhidos em um período onde não havia processo eleitoral em andamento.

CONCLUSÃO

Este estudo teve como objetivo identificar os efeitos das propagandas políticas apresentadas nas mídias sociais pelos candidatos e partidos políticos sobre a intenção de voto do eleitor. Os resultados encontrados sugerem que a intenção de voto pode ser afetada de forma positiva e significativa pelos construtos opinião do eleitor, confiança do eleitor e imagem do candidato, sendo que o construto imagem do partido apresentou uma relação negativa com a intenção de voto. Esse fato pode ser explicado pela conjuntura política em que se encontrava o país no momento em que a coleta de dados ocorreu. Os achados ainda mostraram que as mídias sociais influenciam os construtos opinião do eleitor, confiança do eleitor, imagem do candidato e imagem do partido, e, portanto, pode ser considerada pelos candidatos e partidos políticos em suas estratégias de marketing eleitoral, podendo ser utilizadas para ampliar o seu conhecimento dos anseios e necessidades dos eleitores.

Dessa forma, entender o comportamento do eleitor para as definições das novas estratégias de marketing político mostra-se relevante, uma vez que os recursos financeiros são limitados e os candidatos podem aplicar todos os recursos disponíveis de forma a alcançar o maior número de eleitores. Este estudo contribuiu para a literatura ao utilizar um modelo para avaliar a influência das mídias sociais na intenção de voto, com construtos presentes em estudos anteriores, que tradicionalmente foram medidos de forma isolada. Com o uso de novas ferramentas de informação e a mudança do comportamento do eleitor, este estudo, por sua vez, avaliou em conjunto as relações entre tradicionais construtos que tendem a influenciar a intenção de voto e verificou o efeito das propagandas políticas nas mídias sociais neles, apresentando uma nova abordagem para a literatura do marketing político.

Uma vez que este estudo suportou as hipóteses de que as mídias sociais influenciam indiretamente a intenção de voto, seus resultados poderão ser utilizados por candidatos e partidos políticos como parâmetro para definirem as estratégias do marketing político de suas campanhas nas mídias sociais, buscando conquistar a confiança do eleitor, consolidando sua imagem e do seu partido de forma positiva, assertiva e confiável, debatendo assuntos de interesse dos seus eleitores com propostas factíveis de serem cumpridas. O uso das mídias sociais por eleitores e candidatos está mudando a forma de comunicação no mundo moderno, e elas ainda podem trazer significativa redução dos custos das campanhas, quando comparadas com outras mídias.

Este estudo se limitou a investigar o efeito das propagandas políticas apresentadas nas mídias sociais em quatro construtos que antecedem a intenção de voto. Contudo podem haver outros construtos para explicar essa intenção do eleitor. Como a amostragem deste estudo foi não probabilística por acessibilidade, os resultados não podem ser generalizados. Mas sugerem evidências do comportamento do eleitor na hora de escolher o seu candidato que podem ser confirmadas em estudos posteriores. Além disso, a pesquisa foi realizada em um período onde não havia processos eleitorais em curso, podendo reduzir o interesse do eleitor no tema estudado, devendo o presente estudo ser feito em um ano que ocorrer um processo eleitoral.

Recomenda-se para estudos futuros que seja replicada esta pesquisa incluindo outros construtos que antecedem a intenção de voto do eleitor. Isto ampliaria o modelo permitindo verificar se as mídias sociais também impactam de forma significativa e positiva esses outros construtos. Outra sugestão seria identificar os determinantes do efeito negativo que a imagem do partido exerce sobre a intenção de voto. Por fim, sugere-se que o mesmo estudo seja realizado em outros países em que não estejam ocorrendo processos judiciais de condenação a partidos políticos e de agentes públicos.

REFERÊNCIAS

Ahler, D. J., Citrin, J., Dougal, M. C., & Lenz, G. S. (2017). Face value? Experimental evidence that candidate appearance influences electoral choice. Political Behavior, 39(1), 77-102.

Aldrich, J. H., Gibson, R. K., Cantijoch, M., & Konitzer, T. (2016). Getting out the vote in the social media era: Are digital tools changing the extent, nature and impact of party contacting in elections?. Party Politics, 22(2), 165-178.

Allcott, H., & Gentzkow, M. (2017). Social media and fake news in the 2016 election. Journal of Economic Perspectives, 31(2), 211-36.

Bart, Y., Shankar, V., Sultan, F., & Urban, G. L. (2005). Are the drivers and role of online trust the same for all web sites and consumers? A large-scale exploratory empirical study. Journal of marketing, 69(4), 133-152.

Bello, A. (2016). The social logic of correct voting in Brazil. Opinião Pública, 22(2), 466-491.

Bertot, J. C., Jaeger, P. T., & Hansen, D. (2012). The impact of polices on government social media usage: Issues, challenges, and recommendations. Government information quarterly, 29(1), 30-40.

Blumenstiel, J. E., & Plischke, T. (2015). Changing motivations, time of the voting decision, and short-term volatility–The dynamics of voter heterogeneity. Electoral Studies, 37, 28-40..

Bolsen, T., Druckman, J. N., & Cook, F. L. (2014). The influence of partisan motivated reasoning on public opinion. Political Behavior, 36(2), 235-262.

Bonneau, C. W., & Cann, D. M. (2015). Party identification and vote choice in partisan and nonpartisan elections. Political Behavior, 37(1), 43-66.

Brasil. Tribunal Superior Eleitoral. Partidos políticos registrados no TSE. 2016. Disponível em: <http://www.tse.jus.br/partidos/partidos-politicos/registrados-no-tse> Acesso em: 30 outubro 2017.

Cameron, M. P., Barrett, P., & Stewardson, B. (2016). Can social media predict election results? Evidence from New Zealand. Journal of Political Marketing, 15(4), 416-432.

Campbell, A. (1960). Surge and decline: A study of electoral change. Public opinion quarterly, 24(3), 397-418.

Campbell, R., & Cowley, P. (2014). What voters want: Reactions to candidate characteristics in a survey experiment. Political Studies, 62(4), 745-765.

Cantú, F., & García-Ponce, O. (2015). Partisan losers' effects: Perceptions of electoral integrity in Mexico. Electoral Studies, 39, 1-14.

Catt, H. (1991). What Do Voters Decide?. Political Science, 43(2), 30-42.

Chen, Q., & Wells, W. D. (1999). Attitude toward the site. Journal of advertising research.

Cogburn, D. L., & Espinoza-Vasquez, F. K. (2011). From networked nominee to networked nation: Examining the impact of Web 2.0 and social media on political participation and civic engagement in the 2008 Obama campaign. Journal of Political Marketing, 10(1-2), 189-213.

Dunn, S. W., L. Butler, S., Meeks, K., & Collier, J. (2015). Communication Quarterly Rockin'the Gubernatorial Vote?: Young People's Normative Democratic Attitudes and Behaviors in a Low-Involvement Election. Communication Quarterly, 63(5), 603-619.

Fornell, C., & Larcker, D. F. (1981). Evaluating structural equation models with unobservable variables and measurement error. Journal of marketing research, 39-50.

Geraldo, G. C., & Mainardes, E. W. (2017). Research on the factors affecting the intention of online shopping/Estudo sobre os fatores que afetam a intencao de compras online. Revista de Gestao USP, 24(2), 181-195.

Goren, P. (2005). Party identification and core political values. American Journal of Political Science, 49(4), 881-896.

Hair, J. F., Black, W. C., Babin, B. J., Anderson, R. E., & Tatham, R. L. (2006). Multivariate data analysis (Vol. 6).

Hoegg, J., & Lewis, M. V. (2011). The impact of candidate appearance and advertising strategies on election results. Journal of Marketing Research, 48(5), 895-909.

Hong, S., & Nadler, D. (2012). Which candidates do the public discuss online in an election campaign?: The use of social media by 2012 presidential candidates and its impact on candidate salience. Government Information Quarterly, 29(4), 455-461.

Kim, S., & Park, H. (2013). Effects of various characteristics of social commerce (s-commerce) on consumers' trust and trust performance. International Journal of Information Management, 33(2), 318-332.

Kushin, M. J., & Yamamoto, M. (2010). Did social media really matter? College students' use of online media and political decision making in the 2008 election. Mass Communication and Society, 13(5), 608-630.

Kruikemeier, S. (2014). How political candidates use Twitter and the impact on votes. Computers in Human Behavior, 34, 131-139.

Metaxas, P. T., & Mustafaraj, E. (2012). Social media and the elections. Science, 338(6106), 472-473.

Mo, C. H. (2015). The consequences of explicit and implicit gender attitudes and candidate quality in the calculations of voters. Political Behavior, 37(2), 357-395.

Newman, B. I., & Sheth, J. N. (1985). A model of primary voter behavior. Journal of Consumer Research, 12(2), 178-187.

O'Cass, A. (2002). Political advertising believability and information source value during elections. Journal of Advertising, 31(1), 63-74.

O'Cass, A., & Pecotich, A. (2005). The dynamics of voter behavior and influence processes in electoral markets: A consumer behavior perspective. Journal of Business Research, 58(4), 406-413.

Rodgers, S. (2003). The effects of sponsor relevance on consumer reactions to internet sponsorships. Journal of Advertising, 32(4), 67-76.

Sanders, K. R., & Pace, T. J. (1977). The influence of speech communication on the image of a political candidate:"Limited effects" revisited. Annals of the International Communication Association, 1(1), 465-474.

Schivinski, B., & Dabrowski, D. (2016). The effect of social media communication on consumer perceptions of brands. Journal of Marketing Communications, 22(2), 189-214.

Sengupta, J., & Johar, G. V. (2002). Effects of inconsistent attribute information on the predictive value of product attitudes: Toward a resolution of opposing perspectives. Journal of Consumer research, 29(1), 39-56.

Shade, D. D., Kornfield, S., & Oliver, M. B. (2015). The uses and gratifications of media migration: Investigating the activities, motivations, and predictors of migration behaviors originating in entertainment television. Journal of Broadcasting & Electronic Media, 59(2), 318-341.

Scammell, M. (2015). Politics and image: the conceptual value of branding. Journal of Political Marketing, 14(1-2), 7-18.

Stieglitz, S., & Dang-Xuan, L. (2013). Social media and political communication: a social media analytics framework. Social Network Analysis and Mining, 3(4), 1277-1291.

Tedesco, J. C. (2002). Televised political advertising effects: Evaluating responses during the 2000 Robb-Allen senatorial election. Journal of Advertising, 31(1), 37-48.

Williams, C. B., & Gulati, G. J. J. (2013). Social networks in political campaigns: Facebook and the congressional elections of 2006 and 2008. New Media & Society, 15(1), 52-71.

Yoon, K., Pinkleton, B. E., & Ko, W. (2005). Effects of negative political advertising on voting intention: An exploration of the roles of involvement and source credibility in the development of voter cynicism. Journal of marketing communications, 11(2), 95-112.

Zhang, W., Johnson, T. J., Seltzer, T., & Bichard, S. L. (2010). The revolution will be networked: The influence of social networking sites on political attitudes and behavior. Social Science Computer Review, 28(1), 75-92.

APÊNDICE: QUADRO DE CONSTRUTOS

Construtos		Variáveis
Intenção de Voto (IV) (RODGERS, 2003)	IV1	Nas próximas eleições, é provável que eu vá votar nos melhores candidatos.
	IV2	Nas próximas eleições, eu gostaria de ter mais informações a respeito dos candidatos.
	IV3	Tenho interesse em conhecer os candidatos a cargos políticos.
Opinião do Eleitor (OE) (SENGUPTA; JOHAR, 2002)	OE1	Nas próximas eleições, eu penso que os candidatos que eu escolher serão muito bons.
	OE2	Nas próximas eleições, eu penso que os candidatos que eu escolher serão muito úteis para a sociedade.
	OE3	Minha opinião sobre candidatos a políticos é muito favorável.
Confiança do Eleitor (CE) (O'CASS, 2002)	CE1	Eu tenho confiança de que vou escolher os candidatos ou partidos certos.
	CE2	Eu tenho confiança em minha habilidade de tomar uma boa decisão sobre os candidatos em quem votar.
	CE3	Eu tenho confiança em minha habilidade em decidir em quem votar.
Imagem do Candidato (IC) (SANDERS; PACE, 1977)	IC1	Escolho o candidato que parece ser mais qualificado.
	IC2	Escolho o candidato que parece ser mais sofisticado.
	IC3	Escolho o candidato que parece ser mais honesto.
	IC4	Escolho o candidato que parece ser mais sincero.
	IC5	Escolho o candidato que parece ser mais bem sucedido.
	IC6	Escolho o candidato que parece ser mais verdadeiro.
	IC7	Escolho o candidato que parece ser mais atraente.
	IC8	Escolho o candidato que parece ser mais calmo.
	IC9	Escolho o candidato que parece ser mais educado.
	IC10	Escolho o candidato que parece ser mais forte com as palavras.
	IC11	Escolho o candidato que parece ser mais ativo.
	IC12	Escolho o candidato que parece ser mais amigável.
Imagem do Partido (IP) (BART et al., 2005)	IP1	Tenho confiança nos partidos políticos.
	IP2	Os partidos políticos me transmitem credibilidade.
	IP3	Os partidos políticos me transmitem segurança.
Mídia Social (MS) (CHEN; WELLS, 1999)	MS1	As mídias sociais facilitam o meu relacionamento com os candidatos a políticos.
	MS2	Eu usaria as mídias sociais para acompanhar os candidatos a políticos.
	MS3	Eu estou satisfeito com as informações obtidas nas mídias sociais sobre candidatos a políticos.
	MS4	Eu me sinto confortável para navegar nas mídias sociais e encontrar informações sobre candidatos a políticos.
	MS5	Eu sinto que navegar na mídia social é uma boa maneira de buscar informações sobre candidatos a políticos.
	MS6	Com relação a candidatos a políticos, as mídias sociais são fontes melhores para obter informações do que as mídias tradicionais (Jornal, televisão, rádio).

www.ingramcontent.com/pod-product-compliance
Lightning Source LLC
Chambersburg PA
CBHW051358250726
48656CB00006B/2151